RÉPUBLIQUE FRANÇAISE

MINISTÈRE DE LA GUERRE

SERVICE DE SANTÉ

CAHIER DES CHARGES COMMUNES

DU 20 MARS 1911

pour la fourniture des denrées et objets de consommation nécessaires aux hôpitaux militaires.

MIS A JOUR AVEC LA FEUILLE RECTIFICATIVE N° 1 DU 25 MAI 1912

le 5 janvier 1916.

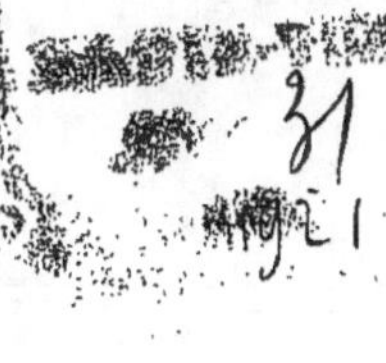

PARIS
Henri CHARLES-LAVAUZELLE
Éditeur militaire
124, Boulevard Saint-Germain, 124
—
MÊME MAISON A LIMOGES

RÉPUBLIQUE FRANÇAISE.

MINISTÈRE DE LA GUERRE.

Direction du Service de Santé; Bureau du Matériel,
Hôpitaux, Hygiène. — N° 8.

Cahier des charges communes pour la fourniture des denrées et objets de consommation nécessaires aux hôpitaux militaires.

Documents abrogés : 1° *Cahier des charges du 18 septembre 1903 pour la fourniture des denrées nécessaires annuellement aux hôpitaux militaires; 2° Notice du 28 juillet 1908 pour la fourniture de la viande aux hôpitaux militaires*

Document applicable *aux troupes métropolitaines et aux troupes coloniales.*

Paris, le 20 mars 1911.

Art. 1ᵉʳ. Les adjudications sont restreintes; elles ont lieu, en ce qui concerne la fourniture du vin, sur concours simultané d'échantillons et de prix.

Les conditions générales des fournitures sont régies :

1° Par le cahier des clauses et conditions générales applicables aux marchés de fournitures du Département de la guerre, du 16 février 1903;

2° Par l'instruction du 6 juillet 1909 relative aux marchés du Département de la guerre, titres Iᵉʳ et V;

3° Par le présent cahier des charges communes.

La séance d'adjudication sera précédée d'une séance préparatoire d'admission qui aura lieu à une date indiquée par les affiches et les avis au public. Les candidats à l'adjudication devront faire parvenir au médecin chef de l'hôpital militaire, pour une date indiquée par les affiches et les avis au public, une déclaration d'intention de soumissionner accompagnée des pièces énoncées à l'article 25 de l'instruction relative aux marchés du Département de la guerre.

Les soumissionnaires pour la fourniture du vin devront faire parvenir un échantillon des vins proposés au médecin chef, au plus tard quinze jours avant la date fixée pour l'adjudication, et dans la forme déterminée par les instructions ministérielles.

Art. 2. Les conditions spéciales sont régies par un cahier des charges spéciales distinct par établissement.

Ce document détermine notamment :

1° Les conditions particulières à chaque établissement;

2° Les conditions particulières à remplir par les diverses fournitures en dehors des conditions prévues au présent cahier des charges communes;

3° L'importance des fournitures et tous renseignements s'y rattachant.

Art. 3. Les résultats de l'adjudication sont approuvés dans les conditions et délais prévus à l'article 20 de l'instruction du 6 juillet 1909.

Art. 4. La nomenclature des fournitures susceptibles d'être mises en adjudication forme l'annexe n° 1 du présent cahier des charges; les conditions générales que ces fournitures doivent réunir sont déterminées par l'annexe n° 2.

Les fournitures sont adjugées par lots dont la composition est indiquée par le cahier des charges spéciales.

Les quantités à fournir correspondent aux besoins présumés. Par dérogation aux dispositions de l'article 19 du cahier des clauses et conditions générales, les limites entre lesquelles les quantités commandées doivent être comprises sont fixées à 25 p. 100 en plus ou en moins des quantités mises en adjudication, à moins d'acceptation contraire et écrite du fournisseur en ce qui concerne le dépassement du maximum.

Art. 5. Les soumissions seront établies d'après le modèle B joint au présent cahier des charges et de préférence sur les formules fournies par l'administration.

Les soumissions envoyées par pli recommandé, dans les conditions prévues à l'article 15 de l'instruction du 6 juillet 1909, devront parvenir au médecin chef, membre technique de la commission d'adjudication, la veille du jour fixé pour l'adjudication au plus tard, sans toutefois que l'inobservation de cette prescription puisse faire rejeter la soumission, si celle-ci est remise à la commission d'adjudication avant l'expiration du délai extrême fixé en séance pour le dépôt des soumissions.

La date de la remise par le service des postes fait foi, les envois de cette nature étant toujours effectués aux risques et périls des soumissionnaires.

Art. 6. Pour chacun des lots dont il est adjudicataire et dont l'importance dépasse 20.000 francs en France et 5.000 francs en Algérie et Tunisie, le fournisseur est tenu de réaliser, dans les conditions prévues à l'article 67 de l'instruction du 6 juillet

1909, un cautionnement fixé au dixième du montant du lot, arrondi à la centaine immédiatement inférieure. Ce cautionnement peut être remplacé par une caution personnelle ou par la retenue visée à l'article 85 de l'instruction précitée.

Art. 7. L'entrepreneur est tenu de faire élection de domicile au lieu d'exécution du marché ou de s'y faire représenter par un fondé de pouvoirs. Faute par lui de se conformer à cette obligation dans un délai de quinze jours après la notification de l'adjudication, toutes les communications lui seront valablement adressées par l'administration à la mairie de la commune sur le territoire de laquelle se trouve l'hôpital.

Toutefois, les cahiers des charges spéciales peuvent dispenser de l'obligation du domicile les adjudicataires des lots comprenant exclusivement des fournitures qui ne donnent pas lieu à des livraisons fréquentes. Dans ce cas, les commandes sont adressées au domicile du fournisseur et à ses frais, par lettre recommandée indiquant les délais d'exécution.

Art. 8. Les commandes sont faites au fur et à mesure des besoins par les gestionnaires des établissements intéressés.

Les délais de livraison, variables avec la nature des fournitures et les quantités, sont fixés aussi largement que possible en tenant compte des nécessités du service et des usages commerciaux.

Les fournitures sont livrées aux frais des fournisseurs, qui sont tenus de laisser gratuitement dans les magasins de l'hôpital, jusqu'à épuisement, les contenants de toute nature ayant servi aux livraisons.

Le délai maximum que se réserve l'administration pour procéder à l'examen et, en cas d'admission, à la prise en charge des fournitures, à partir du jour où elles sont présentées en livraison, est fixé à six jours.

Art. 9. Les fournisseurs sont admis à bénéficier des tarifs de transports de la guerre, s'ils sont plus avantageux en ce qui les concerne, pour le transport des fournitures au lieu de livraison A cet effet, ils adressent une demande à la sous-intendance militaire la plus proche de la gare d'expédition en l'accompagnant d'un certificat délivré par le gestionnaire de l'hôpital militaire.

Art. 10. Les fournitures doivent être conformes aux échantillons et réunir les conditions de qualité stipulées à l'annexe n° 2 du présent cahier des charges et au cahier des charges spéciales.

Elles doivent être de production et de fabrication exclusivement françaises ou provenir des colonies françaises ou des pays de protectorat. Il n'est fait exception à cette règle que pour les denrées et matières qui ne peuvent avoir qu'une origine étrangère et qui sont suivies des lettres PE dans la nomenclature de l'annexe n° 1.

Art. 11. L'examen et la réception des matières et objets sont effectués par une commission de réception, dans les formes prévues par les instructions ministérielles.

Ces instructions déterminent en outre les conditions dans lesquelles sont constitués les échantillons, ainsi que les règles à suivre pour l'adjudication du vin (sur concours d'échantillons et de prix).

Les décisions des commissions de réception sont définitives et sans appel.

Art. 12 (1). La commission de réception fixe le délai dans lequel devront être remplacées les fournitures refusées et prescrit le remplacement immédiat de celles dont la livraison ne comporte aucun retard.

Si le fournisseur n'est pas en mesure de livrer dans le délai fixé les quantités nécessaires ou s'il présente de nouveau des denrées inacceptables, l'officier d'administration gestionnaire pourvoit à la fourniture de la manière qu'il juge convenable et aux risques et périls de l'entrepreneur.

L'officier gestionnaire peut pourvoir de la même façon aux fournitures qui ne comportent aucun retard quand la livraison n'en a pas été faite une heure après celle fixée par la commande.

Si les fournisseurs n'enlèvent pas les fournitures refusées, l'administration a la faculté, après une mise en demeure régulière et à l'expiration du délai fixé, de faire vendre aux enchères, par le ministère d'un officier public, les matières et objets rejetés. Le produit de la vente, déduction faite des frais, sera déposé à la caisse des dépôts et consignations, au nom de l'adjudicataire intéressé.

Art. 13. En cas de retard dans la livraison des fournitures, l'adjudicataire subira par 1.000 francs et par jour une retenue de 0 fr. 50 pendant les trente premiers jours et de 1 franc à partir du trente et unième jour, sans que le montant total de la pénalité puisse dépasser le dixième du montant de la fourniture.

Une réfaction sous forme de réduction de prix pourra être appliquée aux denrées et matières de qualité inférieure à celle exigée par le cahier des charges, mais cependant non nuisibles, et que la nécessité de pourvoir à l'alimentation et au traitement

---

(1) Mis à jour avec la feuille rectificative n° 1, du 25 mai 1912.

des malades obligerait à accepter. Les réfactions sont prononcées par la commission de réception à la majorité des voix et mentionnées au registre des procès-verbaux; elles ne peuvent dépasser le cinquième du prix d'adjudication.

Art. 14. Comme complément des dispositions prévues à l'article 40 du cahier des clauses et conditions générales du 16 février 1903, le Ministre a le droit de prononcer la résiliation des marchés sans que l'adjudicataire puisse prétendre à aucune indemnité :

1° Après une mise en demeure préalable, si les retards apportés dans les livraisons ainsi que dans les remplacements de fournitures rejetées se prolongent au delà d'un mois;

2° Sans mise en demeure préalable, si les rejets dépassent 10 p. 100 des quantités à livrer.

Art. 15. Les dispositions de l'article 46 du cahier des clauses et conditions générales du 16 février 1903 sont complétées par les suivantes :

Les augmentations ou créations de droits d'octroi ne donneront pas lieu à remboursement, au profit des adjudicataires, pour toutes les quantités destinées à remplacer les denrées et objets présentés en livraison avant l'établissement des nouveaux droits et qui seraient refusées comme ne remplissant pas les conditions exigées, ainsi que pour les quantités qui, livrées en retard, auraient dû être fournies avant l'application des nouveaux droits.

Art. 16. En cas de suppression d'un établissement ou de suspension du service, les livraisons cesseront immédiatement, sans que l'adjudicataire ait droit à aucune indemnité. Les fournitures livrées au moment de la suppression resteront au compte de l'Etat.

Art. 17. A la fin de chaque mois, il sera établi sur les formules de l'administration de la guerre des factures ou quittances comprenant la totalité des fournitures faites pendant le mois écoulé.

Les fournisseurs qui n'auraient pas produit, dans un délai de vingt-cinq jours à compter du dernier jour du mois expiré, les pièces justificatives de dépenses, seraient passibles d'une amende de 0 fr. 50 par 1.000 francs et par jour de retard, sans qu'il soit besoin de mise en demeure préalable.

L'administration se réserve le droit d'établir d'office et aux frais de l'adjudicataire le décompte des fournitures, après un délai de quarante-cinq jours.

Paris, le 20 mars 1911.

Le Ministre de la guerre,
MAURICE BERTEAUX.

ANNEXE N° 1.

Nomenclature des fournitures susceptibles d'être mises en adjudication.

NUMÉROS D'ORDRE.	DÉSIGNATION DES FOURNITURES.	UNITÉ RÉGLEMENTAIRE.
	ALIMENTATION.	
1	Viande (1) { de bœuf.	Kilog.
	de veau.	Id.
	de mouton.	Id.
2	Viande de porc frais.	Id.
3	Pain.	Id.
4	Vin rouge.	Litre.
5	Vin blanc.	Id.
6	Bière.	Id.
7	Lait.	Id.
8	Chocolat.	Kilog.
9	Macaroni.	Id.
10	Pâtes d'Italie.	Id.
11	Semoule.	Id.
12	Tapioca.	Id.
13	Vermicelle.	Id.
14	Riz.	Id.
15	OEufs.	Nombre.
16	Lapins.	Kilog.
17	Poulets.	Nombre.
18	Pommes de terre.	Kilog.
19	Choux.	Id.
20	Carottes.	Id.
21	Navets.	Id.
22	Légumes pour la marmite et soupes maigres.	Id.
23	Haricots secs.	Id.
24	Lentilles.	Id.
25	Pois cassés.	Id.
26	Biscuits.	Nombre.
27	Confitures diverses (2).	Kilog.
28	Fromages divers (2).	Id.
29	Pruneaux.	Id.
30	Fleur de farine.	Id.
31	Sel blanc ou gris.	Id.
32	Café vert (P. E.) (3).	Id.
33	Beurre frais ou demi-sel (2).	Id.

(1) La fourniture de la viande de boucherie est adjugée en un seul lot, mais chaque catégorie fait l'objet d'offres distinctes.

(2) A détailler au cahier des charges spéciales, chaque espèce doit faire l'objet d'offres distinctes.

(3) Pour les hôpitaux en Algérie et Tunisie seulement, le café étant fourni par la Pharmacie centrale aux établissements de la métropole.

NUMÉROS D'ORDRE	DÉSIGNATION DES FOURNITURES.	UNITÉ RÉGLEMENTAIRE.
	ALIMENTATION (*suite*).	
34	Saindoux.	Kilog.
35	Graisse de coco épurée.	Id.
36	Sucre.	Id.
37	Huile à manger.	Id.
38	Vinaigre.	Litre.
39	Lard salé.	Kilog.
40	Poivre en grains (P. E.).	Id.
	CHAUFFAGE ET ÉCLAIRAGE (1).	
41	Bois à brûler.	Quintal métrique.
42	Briquettes de charbon de terre.	Id.
43	Charbon de bois.	Id.
44	Charbon de terre : houille.	Id.
45	Charbon de terre : anthracite (P. E.).	Id.
46	Coke.	Id.
47	Fagots d'allumage.	Nombre.
48	Bougies.	Kilog.
49	Huile à brûler.	Id.
50	Pétrole pour éclairage.	Litre.
	BLANCHISSAGE.	
51	Savon ordinaire.	Kilog.
52	— noir.	Id.
53	Cristaux de soude.	Id.
54	Brosses à laver en soies grises.	Nombre.
	ENTRETIEN ET PROPRETÉ.	
55	Corde, ficelle et gros fil (2).	Kilog.
56	Peintures préparées (2).	Id.
57	Matières premières pour la préparation des couleurs (2).	Id.
58	Objets divers pour peinturage et réparations locatives (2).	Nombre.
59	Balais divers (2).	Id.
60	Brosses diverses (2).	Id.
61	Paillassons (2).	Id.
62	Plumeaux.	Id.
63	Savonnettes ordinaires.	Id.
64	Cirage.	Kilog.
65	Cire jaune pour parquets.	Id.
66	Paille de fer.	Id.

(1) Les hôpitaux ne mettent en adjudication que les combustibles ne pouvant être compris dans les marchés régionaux passés par le service de l'intendance.

(2) A détailler au cahier des charges spéciales ; il doit être fait des offres distinctes pour chaque matière ou objet mis en adjudication.

NUMÉROS D'ORDRE.	DÉSIGNATION DES FOURNITURES.	UNITÉ RÉGLEMENTAIRE
	MÉDICAMENTS.	
67	Acide chlorhydrique du commerce.	Kilog.
68	Acide sulfurique du commerce.	Id.
69	Alcool à 95°.	Id.
70	Alcool dénaturé.	Id.
71	Amidon de blé.	Id.
72	Chlorure de chaux sec à 90°...................	Id.
73	Chiendent (rhizome).	Id.
74	Crésylol sodique liquide.	Id.
75	Sulfate de cuivre.	Id.
76	Essence de thérébenthine.	Id.
77	Sulfate de fer du commerce.	Id.
78	Goudron de bois.	Id.
79	Huile d'arachide.	Id.
80	Lin ((semence).	Id.
81	Orge mondé.	Id.
82	Savon vert.	Id.
83	Acide phénique brut.	Id.
84	Sulfate de soude.	Id.
85	Soufre en canons pour désinfection.	Id.
86	Chlorure de zinc liquide.	Id.
87	Citrons.	Nombre.
88	Glace.	Kilog.
89	Sacs en papier à double enveloppe ordinaire.	Id.
90	Bouchons de liège, grands (le cent)	Nombre.
91	Bouchons de liège, petits (le cent).	Id.
92	Cachets médicamenteux (le cent).	Id.

ANNEXE N° 2

Notice indiquant les conditions générales que doivent réunir les fournitures présentées en livraison.

Alimentation.

Nature de la viande à fournir.

1 et 2 (1). — Viande. — La viande à fournir est celle de bœuf (2), de veau, de mouton (3) et de porc, les unes et les autres de provenance française, algérienne ou tunisienne.

Sont formellement exclues les viandes de bélier, de bouc, de chèvre, de verrat, de coche et de taureau castré ou non.

La nature et la quantité de la viande à fournir seront indiquées au moins vingt-quatre heures à l'avance par l'officier d'administration gestionnaire.

Qualité de la viande.

La viande de bœuf doit provenir d'animaux bien conformés, parfaitement sains et bien en chair; la viande désignée en boucherie sous le nom de viande de deuxième et de troisième qualité est exclue de la fourniture.

Le bœuf doit être âgé de plus de trois ans et de moins de dix.

Le poids minimum des animaux sur pied est fixé par le cahier des charges spéciales et déterminé d'après le poids moyen des animaux abattus dans la région.

La proportion des os compris dans les pesées, qu'il

---

(1) Mis à jour avec la feuille rectificative n° 1, du 25 mai 1912.
(2) La viande de vache est admise dans la proportion où elle entre dans la consommation locale, sous réserve de réunir toutes les conditions de qualité exigées de la viande de bœuf.
(3) Les brebis sont admises dans la proportion d'un cinquième.

s'agisse de bœuf, de veau, de mouton et de porc, ou de livraisons par bêtes entières, par quartiers ou par morceaux débités, ne doit pas excéder le cinquième du poids total.

• Les abats, comprenant les abats rouges (cœur, foie, poumons ou mou, rate ou fagone et tétine) et les abats blancs (intestins, langue, mufle, pieds et vessie) ne sont pas compris dans les fournitures.

On n'admet non plus ni têtes, ni queues, ni cous, ni saignures, ni fressures.

Toutefois, sur la demande de l'administration, les produits ci-après : cervelle, cœur, foie, mufle et pieds, seront livrés dans la proportion où ils se trouvent dans les animaux par rapport au montant des pesées.

Les filets ne seront pas détachés, ainsi que les glandes connues sous la désignation de ris de veau, et devront être livrés avec les morceaux auxquels ils sont adhérents.

Le fournisseur laissera les rognons, si la demande lui en est faite par l'administration. Dans ce cas, les couches de graisse qui les enveloppent lui seront rendues.

Ne peuvent faire partie des pesées les suifs formant des masses ou des pelotes dans l'intérieur de l'animal (mais non les graisses adhérentes à la viande et étendues par couches à la surface); les épaules et les jambes coupées à 15 centimètres environ au-dessus du milieu des articulations.

La viande proviendra d'animaux sacrifiés à l'abattoir désigné par le cahier des charges spéciales (1).

Les animaux (bœuf, mouton, veau et porc) doivent être abattus douze heures au moins avant la livraison; les graisses et les moelles doivent être complètement figées et les veines vides de sang.

Quand, par exception, la viande sera livrée moins de douze heures après l'abat, le prix sera diminué de 3 p. 100.

Le soufflage est formellement interdit.

---

(1) Cet abattoir est toujours l'abattoir public, communal ou intercommunal, lorsque la localité en possède un; dans le cas contraire, autant que possible, l'abattoir d'une localité voisine, convenablement choisi.

Conditions que doivent présenter les animaux abattus.

Les bœufs doivent présenter, abattus, les signes d'un bon engraissement moyen, c'est-à-dire avoir :

1° Les rognons couverts complètement par une graisse blanchâtre, légèrement rosée ou jaunâtre;

2° Le plat des cuisses garni d'une couche suffisante de graisse ondulée et un peu frisée;

3° Le grappé ou graisse des plèvres costales bien développé;

4° La graisse de couverture ferme, blanche, rosée ou jaune et ayant au moins un demi-centimètre d'épaisseur sur les côtés.

Fourniture par quartiers.

Les livraisons comprendront autant que possible un nombre égal de quartiers de devant et de quartiers de derrière, eu égard à l'importance de la commande.

Les quartiers doivent être livrés intacts sans aucune manipulation ayant porté sur la plèvre ou sur le péritoine.

En aucun cas, les ganglions ne devront être enlevés.

Le quartier de derrière comprend la culotte, la cuisse ou globe, l'aloyau, et la bavette d'aloyau.

Le quartier de devant comprend l'épaule avec la jambe coupée comme il est dit ci-dessus, sans le collier.

Dans le quartier de devant, la graisse sera abondante sous l'épaule et dans les espaces intercostaux et intervertébraux.

Le grappé sera toujours attenant au quartier, l'épaule attenante au train des côtes (côtes couvertes).

Nature et qualité des morceaux lorsque la fourniture a lieu en morceaux débités.

Les morceaux doivent présenter des coupes normales en boucherie, n'avoir subi aucune manipulation suspecte et posséder leurs revêtements aponévrotique et séreux intacts.

Lorsque l'importance de la fourniture le permettra, les morceaux débités devront atteindre un poids minimum de 5 kilogrammes.

En aucun cas, les ganglions ne doivent être enlevés.

Les coupes sont faites proprement et les gros os divisés à la scie.

Les morceaux désossés sont formellement exclus.

La fourniture se compose indifféremment : de l'épaule, des côtes couvertes, de l'aloyau, de la bavette d'aloyau, de la culotte ou de la cuisse.

Mouton.

Les moutons devront être de première qualité; ils devront avoir les reins couverts de graisse blanche et ferme, le panicule charnu de couleur rouge vif, la viande d'un beau rouge foncé.

Ils devront avoir au moins deux ans et pas plus de six, et peser, dépecés et débarrassés de la tête, pieds et fressures, le minimum fixé par le cahier des charges spéciales.

Les épaules et les jambes doivent être coupées à 8 centimètres environ au-dessus du milieu des articulations.

La graisse de couverture ne doit pas dépasser 4 à 6 millimètres au maximum.

Les livraisons se font de préférence par moutons entiers ou par demi-moutons, sans fressures ni toilette.

Les morceaux désossés sont formellement exclus.

Si la viande de mouton est livrée en morceaux débités, la qualité sera la même que pour les animaux fournis en entier, et le fournisseur sera tenu de livrer à tour de rôle :

1er lot : l'épaule;

2e lot : le carré et la poitrine avec côtelettes découvertes;

3e lot : le gigot entier.

Veau.

La viande doit provenir d'animaux bien conformés, parfaitement sains et bien en chair; la viande désignée en boucherie sous le nom de viande de deuxième et de troisième qualité est exclue de la fourniture.

La viande de veau sera d'un rose tendre, résistante au toucher, entremêlée de graisse d'un blanc mat.

Les veaux doivent être âgés de deux à trois mois et peser, dépecés, sans têtes, pieds, fressures ni toiletté, le poids minimum fixé par le cahier des charges spéciales.

Les veaux doivent présenter, abattus, les signes d'un bon engraissement moyen, c'est-à-dire avoir :

1º Les rognons complètement couverts par une graisse blanche et ferme qui sera également abondante dans l'intérieur du bassin;

2º Le plat des cuisses garni d'une couche suffisante de graisse;

3º Le grappé ou graisse des plèvres costales bien développé.

Ne pourront faire partie des distributions : la tête, toutes les issues, les suifs formant des masses ou des pelotes dans l'intérieur de l'animal, les jambes et les épaules coupées à 10 centimètres environ au-dessus du milieu des articulations.

La fourniture se fera par veaux entiers, demi-veaux ou morceaux débités.

Lorsqu'il s'agira de la fourniture par quartiers, les livraisons se composeront de quantités égales de cuisses et d'épaules, dans la proportion où elles se trouvent dans un quartier, eu égard au montant des pesées.

Les quartiers doivent être livrés intacts sans aucune manipulation ayant porté sur la plèvre.

En aucun cas, les ganglions ne devront être enlevés. Les coupes sont faites proprement et les gros os divisés à la scie.

Les morceaux désossés sont formellement exclus.

Le quartier de derrière comprend le cuissot et la longe.

Le quartier de devant : l'épaule et le carré, c'est-à-dire la partie antérieure du corps jusqu'à la dernière côte.

Si la viande de veau est livrée en morceaux débités, la qualité de la viande sera la même que pour les animaux fournis en entier, et le fournisseur sera tenu de livrer à tour de rôle :

1ᵉʳ lot : l'épaule et le carré;

2ᵉ lot : le cuissot et la longe.

Porc.

La viande doit provenir d'animaux parfaitement sains, bien en chair et, sans trop être gras, pesant un minimum de 80 à 90 kilogr.; ils devront avoir été sacrifiés à l'abattoir indiqué au cahier des charges spéciales.

La chair sera ferme, le grain fin et serré sera marbré dans les régions du tronc; la graisse sera blanche, consistante, onctueuse, fondant entre les doigts, tachant le papier; le lard (graisse de couverture) n'aura pas moins de 2 centimètres d'épaisseur, ni plus de 3; la panne (graisse intérieure) sera abondante dans la cavité abdominale.

Les fournitures se composeront seulement des côtes, des filets et des parties avoisinant l'épine dorsale, ainsi que du foie, mais seulement lorsqu'il sera demandé.

Examen des animaux sur pied et abattus.

Le fournisseur est toujours tenu de laisser examiner les animaux sur pied et après abat par les vétérinaires militaires ou les médecins militaires désignés par le commandant d'armes, dans les conditions prévues par la circulaire ministérielle du 28 mars 1908, et par l'instruction sur le contrôle et l'inspection de la viande fraîche du 2 mai 1908.

L'acceptation et le marquage des animaux sur pied n'impliquent pas que forcément ces animaux seront reçus après abat.

Tout animal refusé sur pied comme dangereux pour la consommation sera marqué sur le côté gauche de la croupe, au niveau de la naissance de la queue, de la lettre « R » apposée au fer rouge; cette marque aura 0^m,050 de hauteur sur 0^m,040 de largeur. Si l'animal est sain, et refusé seulement pour non-convenance de l'hôpital, la marque ne sera pas apposée.

L'examen, après abat, a lieu à l'heure indiquée par le commandant d'armes; il est effectué au double point de vue de la salubrité et de la qualité (1); le vétérinaire

---

(1) L'abatage, la saignée et l'habillage auront été faits méthodiquement

militaire (ou le médecin militaire) appose une estampille spéciale sur les viandes qu'il juge bonnes (1).

Le transport des viandes de l'abattoir à l'hôpital est
effectué comme il est prescrit dans les instructions
précitées.

Aucune viande ne peut être livrée dans un hôpital
militaire si elle ne porte, d'une manière très apparente,
l'estampille d'inspection du vétérinaire militaire ou du
médecin militaire. Cette inspection préalable n'engage
pas la décision de la commission de réception, qui
reste libre d'accepter ou de refuser la viande estam-
pillée.

Livraisons et réceptions.

Si l'administration le juge convenable, la viande devra être fournie deux fois par jour, aux heures fixées
par le médecin chef.

Les livraisons seront faites, suivant la commande,
en quartiers entiers ou en morceaux débités. Quand il
s'agit de morceaux débités, le médecin chef, d'accord
avec le commandant d'armes, prend, s'il le juge à
propos, les mesures nécessaires pour s'assurer que
la viande débitée par le boucher est la même que celle
qui a été vérifiée et qu'aucune substitution n'a lieu
pendant le transport.

La réception est opérée par la commission de réception, dans les formes prévues par les instructions ministérielles.

La décision est immédiatement exécutoire.

S'il y a eu tentative de fraude ou de tromperie, le
délit est en outre constaté dans les formes légales et
réglementaires.

---

et avec soin; la division de la colonne vertébrale sera sans bavures, et
les taches extérieures de sang auront été enlevées au couteau ou au
moyen de linge blanc et sec. La peau devra adhérer naturellement au som-
met de la tête, et les poumons à l'un des quartiers du devant.

Sauf le rein, qui reste en place avec sa graisse de couverture, les autres organes thoraciques et abdominaux seront placés à proximité, dans
un ordre déterminé et, si possible, marqués. La plèvre et le péritoine
doivent être absolument intacts; toute tentative d'enlèvement ou de grat-
tage, même partiel, entraîne le rejet absolu de l'animal, sans autre examen.

(1) La marque est apposée sur chaque demi-bête, suivant une ligne joi-
gnant la pointe de la fesse à l'articulation de l'épaule; chaque quartier est
estampillé extérieurement sur toute sa longueur.

D'ailleurs, la réception ne libère point le fournisseur: si, en effet, au cours du débit de la viande, certaines parties sont reconnues impropres à la consommation, le fournisseur est tenu de les remplacer immédiatement. Il est procédé, le cas échéant, comme il est dit ci-dessus, au sujet des contestations et, de même, tous délits de tromperie ou de fraude sont régulièrement constatés.

3. — Pain. — Fabriqué avec de la farine de pur froment; il sera blanc, de première qualité, bien manutentionné, cuit à point, de forme ronde, bombé, sans plus de deux baisures; ou de forme longue ou en couronne, suivant les habitudes locales; d'une odeur douce à la coupe, à yeux plus ou moins largés, mais multipliés; d'une saveur agréable approchant du goût de la noisette.

Chaque pain pèsera 1 kg. 280, avec tolérance de 20 grammes pour les livraisons. Il sera passé à la brosse avant d'être présenté à l'hôpital. Sera rejeté tout pain ne remplissant pas ces diverses conditions, de même que celui dont la mie est spongieuse, dont la croûte est brûlée ou se détache de la mie.

La cuisson du pain aura lieu de manière que la distribution n'en puisse commencer que vingt-quatre heures après sa sortie du four.

4 et 5. — Vins rouge et blanc. — Le vin rouge sera naturel, de raisins frais, de première cuvée, de bonne qualité, droit en goût, ayant au moins un an de récolte, tiré à clair dans de bons fûts, conforme à l'échantillon déposé. Il devra contenir au moins 9 p. 100 d'alcool, 19 grammes d'extrait sec et pas plus de 2 grammes de sulfate de potasse par litre.

Le vin blanc devra contenir au moins 9 p. 100 d'alcool et 16 grammes d'extrait sec. Les autres conditions à exiger sont les mêmes que celles spécifiées pour le vin rouge.

Les vins seront livrés au litre.

En cas de difficulté dans le jaugeage, les pièces donnant lieu à contestation seront passées au dépotoir par les soins du fournisseur.

Le fournisseur remplacera par du vin ayant la qualité voulue la lie qui pourrait encore se trouver au fond de chaque tonneau.

Il restera responsable du vin qu'il mettra en cave, tant sous le rapport de la conservation et de la qualité, que sous celui du déchet qu'il pourrait éprouver jusqu'à son entière consommation. Toutes facilités lui seront données à cet effet.

Tout accident provenant de l'état des futailles sera également à sa charge.

6. — Bière. — Elle sera limpide, transparente, modérément amère, sans âcreté, contenant au minimum 3 p. 100 d'alcool. Elle sera livrée en bons fûts et mise en cave par le fournisseur, qui demeurera responsable de la conservation et du déchet. La lie sera remplacée par de la bière ayant la qualité voulue.

7. Lait. — Devra provenir de la traite complète de vaches saines et nourries d'une façon rationnelle; il ne devra être ni écrémé, ni mouillé, ni contenir aucune substance étrangère (antiseptiques, etc.); il devra pouvoir supporter l'ébullition sans se coaguler et contenir, par litre, 50 grammes de sucre environ, et au minimum 34 grammes de beurre déterminé à l'analyse chimique.

L'épreuve de l'ébullition sera faite immédiatement sur un litre de lait, en présence du fournisseur. Les autres épreuves jugées nécessaires par la commission de réception seront faites dans la matinée.

Dans les localités où il fait défaut, le lait de vache sera remplacé par le lait de chèvre, qui devra remplir des conditions similaires.

8. — Chocolat. — Sera composé exclusivement de pâte de cacao additionnée de sucre et devra contenir au moins 32 p. 100 de pâte de cacao. Le parfum donné au chocolat doit provenir d'aromates non nuisibles.

On adoptera comme échantillon une marque réunissant les conditions ci-dessus et entrant dans la consommation courante locale. Le chocolat livré par le fournisseur devra être de la même marque que l'échantillon.

9, 10, 11, 13. — Pates alimentaires. — Les pâtes alimentaires (macaroni, pâtes d'Italie, semoule, vermicelle) seront fabriquées avec des blés durs de première qualité.

Elles ne devront présenter aucune altération et devront pouvoir supporter l'ébullition jusqu'à cuisson sans troubler la limpidité du bouillon.

(Le temps de cuisson sera d'un quart d'heure pour le vermicelle et d'une demi-heure pour le macaroni.)

12. — TAPIOCA. — De première qualité, exempt de tout mélange de grumeaux irréguliers, sec, brillant, sans odeur ni mauvais goût.

14. — RIZ. — Le riz sera de la qualité dite : bon courant.

Les grains seront entiers, durs, secs, brillants, blancs ou d'un blanc légèrement jaunâtre, dégagés de leur balle, de dimensions sensiblement égales.

Le riz sera de la dernière récolte et absolument exempt de poussières; enfin il sera sensiblement inodore ou bien il devra posséder la légère odeur *sui generis* du riz de bonne qualité.

15. — ŒUFS. — Les œufs seront de poule, frais, sains, de bonne qualité; seront exclus ceux conservés à la chaux. Seront également refusés les œufs n'ayant pas le poids minimum de 55 grammes.

Les œufs reconnus de mauvaise qualité, après cuisson, resteront au compte du fournisseur.

16. — LAPINS. — Les lapins domestiques seront livrés, soit vivants, soit dépouillés, d'après les conditions prévues au cahier des charges spéciales. Une fois dépouillés, débarrassés des intestins, ils devront peser le poids minimum de 1 kg. 500. Le foie, les reins, le cœur et les poumons devront toujours être adhérents au moment de la livraison.

Le lapin de garenne ne devra être ni vidé, ni faisandé; il devra avoir le poids minimum fixé par le cahier des charges spéciales.

17. — POULETS. — Seront de l'année, tendres, d'un aspect charnu et de bonne qualité. Ils seront livrés à la pièce, saignés, plumés, vidés et chacun du poids minimum déterminé par le cahier des charges spéciales.

Les abatis comprenant les crêtes, les pattes, les ailerons, le gésier, le foie et le cœur seront compris dans le poids minimum.

Les commandes de poulets seront toujours faites la veille au plus tard.

18. — POMMES DE TERRE. — Les pommes de terre seront de

bonne qualité, farineuses et sans germe; elles seront triées avec soin et débarrassées de toute terre adhérente, sans être lavées. Elles seront de bonne grosseur et les plus petites devront avoir un poids minimum de 120 grammes, à moins de dispositions contraires du cahier des charges spéciales.

Les cahiers des charges spéciales peuvent déterminer, s'il y a lieu, les quantités nécessaires par espèce; dans ce cas, des offres distinctes sont demandées pour chaque espèce mise en adjudication.

Les pommes de terre nouvelles seront fournies lorsqu'elles seront de vente courante et au 1er juillet au plus tard.

Les déchets comprenant les pommes de terre coupées, meurtries, etc., ne seront pas admis dans une proportion supérieure à 1 p. 100.

19. — CHOUX. — Les choux seront de grosseur moyenne, sains, bien pommés, débarrassés des parties non utilisables. Les choux montés seront refusés.

20. — CAROTTES. — Les carottes seront celles dites rougeâtres, d'une belle espèce, saines, d'une saveur aromatique douce et sucrée. Elles seront débarrassées des parties non comestibles.

21. — NAVETS. — Les navets seront bien sains, d'une belle espèce tendre et charnue, d'une saveur douce et agréable; ils seront débarrassés des parties non comestibles.

22. — LÉGUMES POUR LA MARMITE ET SOUPES MAIGRES. — Les légumes pour la marmite se composeront, suivant la saison, de poireaux, de carottes, de navets, de céleri, de choux, de persil. Il y sera ajouté des feuilles de laurier, des oignons et des aulx dans les quantités qui seront indiquées par l'administration. Tous ces légumes devront être débarrassés des parties non comestibles. On n'admettra pas de déchets pour une proportion supérieure à 2 p. 100. (On ne devra mettre en adjudication que les légumes qui ne pourraient être fournis par les jardins de l'hôpital.)

23, 24, 25. — LÉGUMES SECS (HARICOTS, POIS, LENTILLES). — Seront sains, de première qualité; de la dernière récolte, privés de corps étrangers, d'une cuisson facile. Ils ne seront admis qu'après un essai de cuisson (la cuisson devra être parfaite au bout de deux heures et demie d'ébullition).

Les haricots exotiques des espèces Birmanie, Java, seront refusés.

26. — BISCUITS. — Conformes aux échantillons.

27. — CONFITURES. — Elles seront exclusivement faites avec des fruits et du sucre ordinaire. Elles seront de groseilles, de coings, de prunes, d'abricots, de cerises et de fraises.

La confiture de groseille sera consistante, bien clarifiée, de bon goût, sans trop d'acidité et convenablement sucrée.

Celle de coings devra être bien clarifiée, de bon goût et convenablement sucrée.

Celles de prunes, de cerises, de fraises et d'abricots devront être de fruits de bonne qualité et convenablement sucrées.

28. — FROMAGES. — En dehors des fromages de production locale, les principaux sont : le hollande, le neufchâtel, le brie, le gruyère, le mont-dore, le camembert, le roquefort, le bondon, le port-salut, le coulommiers, le livarot.

Ils doivent être bien fabriqués, suffisamment faits, en bon état de conservation et ne doivent contenir aucune substance étrangère.

Le hollande doit être d'une pâte fine, homogène et sans tache.

29. — PRUNEAUX. — Doivent être bien secs, charnus, de premier choix. Ils seront uniformes et d'une même espèce. Les prunes blanches sont rejetées. Ils devront se compter, autant que possible, à raison de soixante-quinze au demi-kilogramme. Ils ne seront admis qu'après la cuisson d'un échantillon reconnu propre à l'usage des malades.

30. — FLEUR DE FARINE. — Elle sera d'un blanc jaunâtre, douce au toucher, sèche et pesante; d'une odeur faible, d'une saveur agréable, ne pelotonnant pas sous la pression des doigts, et sans trace apparente de son.

31. — SEL BLANC OU GRIS. — Sec, pur et soluble dans l'eau, sans dépôts terreux ou sablonneux. (On admettra au maximum 1 p. 100 d'insoluble et 8 p. 100 d'humidité.)

32. — Café vert. — Le café doit être de provenance du Brésil, de l'une des espèces dites « Rio » ou « Santos ».

Sont admis également les cafés des colonies françaises, de qualité reconnue équivalente à celle des espèces ci-dessus.

Le café doit être de bonne qualité commerciale, de bonne odeur et de bon goût, sain, sec, entier, bien nourri, dépouillé, exempt d'avarie ou d'altération.

33. — Beurre frais ou demi-sel. — Il sera établi un prix distinct pour le beurre frais et le beurre demi-sel. Le beurre frais doit être fraîchement préparé, sans petit lait et sans aucune graisse étrangère, d'une saveur agréable.

Le beurre demi-sel sera mis en adjudication dans les localités où il est généralement employé, à la condition de réunir les qualités du précédent et de ne contenir que la proportion de sel admise au marché. Il ne devra donner à la fusion qu'un déchet de 12 à 15 p. 100 au plus.

34. — Saindoux. — Doit être exclusivement préparé avec de la graisse de porc de première qualité. Il doit être blanc, grenu, sans mélange d'eau, d'autres graisses et de matières étrangères. Il ne sera reçu qu'après qu'un échantillon aura été fondu pour s'assurer qu'il réunit ces différentes qualités. Son acidité, calculée en acide oléique, devra toujours être inférieure à 1 p. 100.

35. — Graisse de coco épurée. — Synonymes : beurre de coco, végétaline, cocoïne, cocose, cocobeur, etc. Graisse homogène, onctueuse, d'une blancheur parfaite, provenant de la purification de l'huile extraite de la noix de coco. Point de fusion 25°. Doit être exempte d'eau, se dissoudre complètement dans l'éther et ne contenir ni huiles, ni graisses étrangères, ni margarines animales ou végétales.

36. — Sucre. — Scié ou en pain bien étuvé, sans taches et conforme à l'échantillon.

37. — Huile a manger. — L'huile à manger ne pourra provenir que des fruits suivants : olives, noix, pavot, œillette, coton, sésame, arachide, sans mélange d'autres huiles végétales ou animales, d'huile minérale et d'huile de résine. Elle devra être limpide, bien épurée, d'odeur et

de saveur agréables. Son acidité, calculée en acide oléique, ne devra pas être supérieure à 3 p. 100.

Le cahier des charges spéciales indiquera la nature de l'huile à fournir; si plusieurs espèces sont mises en adjudication, des prix distincts seront demandés par espèce.

38. — VINAIGRE (BLANC OU ROUGE). — Doit être naturel, bien clarifié, sans goût étranger et contenir au moins 6 p. 100 d'acide acétique, à l'exclusion de tout autre acide.

Evaporé dans le creux de la main, il doit laisser une odeur agréable, sans mélange d'odeur empyreumatique ou étrangère. Sa saveur ne doit être ni âcre ni brûlante.

39. — LARD SALÉ. — Doit présenter une chair d'un rouge vif à l'extérieur, rosée à l'intérieur, une graisse bien blanche, une odeur franche, une consistance ferme, un goût agréable.

Il doit être bien égoutté.

L'épaisseur du lard est de 3 centimètres au moins et 7 centimètres au plus.

40. — POIVRE EN GRAINS. — Le poivre à fournir est le poivre noir, en grains sphériques réguliers, peu ridés; il a une couleur brun marron; à l'intérieur, une amande bien nourrie; une cassure farineuse et jaunâtre. Il doit être dépourvu de matières étrangères ou de grabaux appelés communément les épluchures du poivre.

Chauffage et éclairage.

41. — BOIS A BRULER. — Sera d'essence dure, ayant un an de coupe au moins et quinze mois au plus; bien sain, en quartiers ou en rondins, ayant au moins 8 centimètres et au plus 12 centimètres de diamètre. Au delà de ce maximum, ils seront fendus aux frais du fournisseur. Les frais de pesage, ainsi que ceux d'emmagasinage, seront à sa charge. Le bois sera reçu au quintal métrique.

Dans chaque localité, la commission d'adjudication s'assurera du poids que doit avoir un stère de bois réunissant toutes les conditions propres à assurer un bon service et fixera à l'avance le maximum de ce poids. En cas de contestation sur la qualité du bois, sur sa dessiccation, ce poids, dont il aura été donné connaissance au fournisseur, servira pour apprécier la difficulté.

En Algérie et en Tunisie, la fourniture du bois de chauffage pourra comprendre les souches d'olivier, de lentisque et de thuya.

Le bois sera transporté à l'hôpital par les soins et aux frais du fournisseur.

43. — CHARBON DE BOIS. — Sera le produit de bois d'essence dure, variable suivant les lieux de fabrication, à l'exclusion absolue du bois de hêtre. Le branchage employé ne devra pas avoir moins de 3 centimètres de diamètre et 6 de longueur.

Le charbon doit être sec, sonore, fragile, avec cassure à surface lisse.

42, 44, 45, 46. — COMBUSTIBLES MINÉRAUX (BRIQUETTES, HOUILLE, ANTHRACITE, COKE). — Comme l'indique l'annexe n° 1, les hôpitaux militaires ne mettent en adjudication que les combustibles qui ne peuvent être compris dans les marchés régionaux passés par le service de l'intendance.

Lorsqu'une fourniture de combustibles minéraux est mise en adjudication par un hôpital militaire, le cahier des charges spéciales détermine la nature des combustibles à fournir, les conditions de qualité qu'ils doivent réunir, ainsi que le mode et les épreuves de réception.

On se rapprochera, dans ce cas, dans la mesure du possible, des clauses contenues dans le cahier des charges communes applicable aux marchés régionaux (service du chauffage).

47. — FAGOTS D'ALLUMAGE. — Seront de branchages complètement secs, de l'essence et du poids en usage dans chaque localité; un modèle-type sera toujours choisi et la commission déterminera à l'avance le poids du cent de fagots.

48. — BOUGIES. — De bonne qualité, blanches, sonores, sèches et dures. Elles seront formées d'acides gras convenablement épurés et exempts de suif, de paraffine ou de cérésine.

Il sera toléré au maximum 6 p. 100 de cire saponifiable. Les bougies ne devront pas couler à la combustion et la mèche ne devra pas charbonner. Le point de fusion de la matière grasse ne sera pas inférieur à 54 degrés.

Le poids de bougie brûlé à l'heure (à l'abri des courants d'air) ne devra pas être supérieur à 11 grammes.

49. — HUILE A BRULER. — Sera de colza, sans mélange, épurée, presque sans couleur et sans odeur. En brûlant dans une veilleuse, elle ne doit ni charbonner la mèche, ni répandre de fumée ou de mauvaise odeur.

50. — PÉTROLE POUR ÉCLAIRAGE. — Le pétrole pour éclairage doit être limpide, presque incolore, peu odorant.

Il doit être convenablement rectifié, exempt d'essences ou d'huiles lourdes et, en général, de toutes matières qui seraient de nature à le falsifier.

La densité doit être comprise entre 0,800 et 0,820, à 15 degrés centigrades.

Il ne doit pas émettre de vapeurs inflammables au-dessous de 35 degrés.

Sa température d'ébullition doit être voisine de 150 degrés.

Il ne doit pas avoir de réaction acide.

Blanchissage.

51. — SAVON ORDINAIRE (BLANC). — Le savon ordinaire doit être dur, de bonne qualité, sans odeur désagréable et contenir au minimum 58 p. 100 d'acides gras solubles dans l'alcool à 90°, avec un résidu à 1 p. 100 au maximum et ne laissant pas à l'incinération plus de 15 p. 100 de cendres. On ne tolérera pas un excès d'alcali supérieur à 1 p. 100, exprimé en soude hydratée. Le savon ne devra contenir ni résines, ni silicates, ni autres matières introduites frauduleusement.

52. — SAVON NOIR. — Sera de bonne qualité, transparent, d'une couleur verdâtre ou noirâtre, contenant 45 p. 100 d'acides gras, soluble dans l'alcool à 90°, avec un résidu de 5 p. 100 au maximum, et ne laissant pas à l'incinération plus de 15 p. 100 de cendres. On ne tolérera pas un excès d'alcali supérieur à 2 p. 100, exprimé en soude hydratée. Il ne devra contenir ni résines, ni silicates, ni autres matières introduites frauduleusement.

53. — CRISTAUX DE SOUDE (CARBONATE DE SOUDE CRISTALLISÉ). —

Seront translucides, efflorescents, entièrement solubles dans l'eau, exempts de tout sel étranger. Ils ne doivent pas contenir moins de 35 p. 100 de carbonate de soude anhydre.

54. — BROSSE A LAVER. — En soies grises assez fortes et conforme au modèle adopté comme échantillon. (L'échantillon sera constitué d'après le type de la brosse à laver prévu pour les corps de troupe, *B. O.*, É. M., vol. n° 105[1].)

Entretien et propreté.

55. — CORDE, FICELLE ET GROS FIL (corde d'emballage, ficelle d'emballage, corde tord-nez, ficelle fine, ficelle-fouet, gros fil).

Il sera établi un prix distinct pour chaque espèce de corde, de ficelle et de gros fil. Les fournitures devront être conformes aux échantillons.

56. — PEINTURES PRÉPARÉES. — De la marque ou de l'une des marques adoptées comme échantillons.

57, 58. — COULEURS DIVERSES, OBJETS DIVERS ET MATIÈRES PREMIÈRES POUR LA PRÉPARATION DES COULEURS. — Les couleurs doivent être bien broyées et de première qualité, ainsi que les huiles, essences et vernis.

Les vernis gras seront brillants et bien siccatifs; ils devront être conformes aux échantillons qui seront choisis parmi les types courants de la région.

Les brosses à badigeon, à filets, à lessiver, à virole, les pinceaux ronds et plats et les feuilles de verre à vitres seront conformes aux échantillons.

La céruse broyée ne devra pas être mise en adjudication.

59 à 66. — BALAIS DIVERS, BROSSES DIVERSES, PAILLASSONS, PLUMEAUX, SAVONNETTES ORDINAIRES, CIRAGE, CIRE JAUNE, PAILLE DE FER. — Conformes aux échantillons.

Médicaments.

Les médicaments devront réunir les conditions spécifiées au Formulaire pharmaceutique des hôpitaux militaires.

Les accessoires de pharmacie seront conformes aux échantillons.

DEMANDE D'ADMISSION

Je soussigné (nom, prénoms, profession, demeure, lieu et date de la naissance) déclare être dans l'intention de soumissionner la fourniture des lots n°ˢ , à livrer à l'hôpital militaire de pendant l'année .

Je prie M. le Médecin chef de vouloir bien me comprendre sur la liste qui sera dressée pour l'adjudication desdites fournitures qui doit avoir lieu le

A l'appui de la demande, je joins (1).

A , le . 19 .

(Signature.)

---

(1) Indiquer les pièces jointes à la demande. Voir les articles 25 et suivants de l'instruction du 6 juillet 1909.

N° d'ordre :

—

Date :

—

MODÈLE B.

Le Président
de la commission d'adju-
dication,

SOUMISSION [1]

pour la fourniture par voie d'adjudication des den-
rées et objets nécessaires à l'hôpital militaire
d   pendant l'année 19   .

Le soussigné (2)   , demeurant à   ,
département d   , faisant élection de
domicile, pour l'exécution du présent engagement,
à   , rue   , n°   ;

Après avoir pris connaissance :

1° Du cahier des clauses et conditions générales
du 16 février 1903 ;

2° Du cahier des charges communes du 20 mars
1911 ;

3° Du cahier des charges spéciales du   ;

4° De l'instruction du 6 juillet 1909, sur la pas-
sation des marchés du Département de la guerre
(titres I et V),

Déclare :

1° Se soumettre à toutes les clauses et conditions
imposées par les cahiers des charges susmentionnés

2° S'engager à fournir les denrées et objets compris dans le tableau ci-dessous, aux prix suivants :

NUMÉRO d'ordre.	DÉSIGNATION des DENRÉES ET OBJETS (3).	UNITÉ régle-mentaire	PRIX DE L'UNITÉ (4)		QUANTI-TÉS compri-ses dans l'adjudi-cation (5)	DÉ-COMPTE (5).	TOTAL par lot (5).
			en chiffres.	en toutes lettres			
	Exemple :						
	Lot n° 1.						
1	Viande de bœuf.. Viande de veau.. Viande de mouton	Kilogr. — —					
	Lot n° 2.						
3	Pain............	Kilogr.					
30	Fleur de farine...	—					

A   , le   19   .

(Signature.)

PARIS ET LIMOGES. — IMPRIMERIE ET LIBRAIRIE MILITAIRES CHARLES-LAVAUZELLE

Imprimerie militaire
Henri CHARLES-LAVAUZELLE
PARIS ET LIMOGES